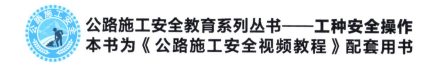

公路施工安全教育系列丛书——工种安全操作
本书为《公路施工安全视频教程》配套用书

防水工
安全操作手册

广 东 省 交 通 运 输 厅 组织编写

广东省南粤交通投资建设有限公司
中铁隧道局集团有限公司 主　编

人民交通出版社股份有限公司
China Communications Press Co.,Ltd.

内 容 提 要

本书是《公路施工安全教育系列丛书——工种安全操作》中的一本,是《公路施工安全视频教程》(第五册　工种安全操作)的配套用书。本书主要介绍防水工安全作业的相关内容,包括:防水工简介、防水工岗位职责及安全风险、防水工基本要求、防水工作业安全质量要求、防水作业应急处理等。

本书可供防水工使用,也可作为相关人员安全学习的参考资料。

图书在版编目(CIP)数据

防水工安全操作手册/广东省交通运输厅编写;广东省南粤交通投资建设有限公司,中铁隧道局集团有限公司主编. — 北京:人民交通出版社股份有限公司,2018.12(2025.1重印)

ISBN 978-7-114-15054-8

Ⅰ.①防… Ⅱ.①广…②广…③中… Ⅲ.①道路工程—防水—工程施工—技术手册 Ⅳ.①U417.4-62

中国版本图书馆 CIP 数据核字(2018)第 225936 号

Fangshuigong Anquan Caozuo Shouce
书　　名:	防水工安全操作手册
著 作 者:	广东省交通运输厅编写
	广东省南粤交通投资建设有限公司　中铁隧道局集团有限公司主编
责任编辑:	韩亚楠　郭晓旭
责任校对:	刘　芹
责任印制:	张　凯
出版发行:	人民交通出版社股份有限公司
地　　址:	(100011)北京市朝阳区安定门外外馆斜街3号
网　　址:	http://www.ccpcl.com.cn
销售电话:	(010)85285857
总 经 销:	人民交通出版社股份有限公司发行部
经　　销:	各地新华书店
印　　刷:	北京建宏印刷有限公司
开　　本:	880×1230　1/32
印　　张:	1.375
字　　数:	37千
版　　次:	2018年12月　第1版
印　　次:	2025年1月　第3次印刷
书　　号:	ISBN 978-7-114-15054-8
定　　价:	15.00元

(有印刷、装订质量问题的图书由本公司负责调换)

编委会名单
EDITORIAL BOARD

《公路施工安全教育系列丛书——工种安全操作》编审委员会

主 任 委 员：黄成造

副主任委员：潘明亮

委　　　员：张家慧　陈子建　韩占波　覃辉鹃

　　　　　　　王立军　李　磊　刘爱新　贺小明

　　　　　　　高　翔

《防水工安全操作手册》编写人员

编　　写：熊祚兵　赵志伟　李　萍

校　　核：王立军　刘爱新

版面设计：孟祥坤　万雨滴

致工友们的一封信
LETTER

亲爱的工友：

你们好！

为了祖国的交通基础设施建设，你们离开温馨的家园，甚至不远千里来到施工现场，用自己的智慧和汗水将一条条道路、一座座桥梁、一处处隧道从设计蓝图变成了实体工程。你们通过辛勤劳动为祖国修路架桥，为交通强国、民族复兴做出了自己的贡献，同时也用双手为自己创造了美好的生活。在此，衷心感谢你们！

交通建设行业是国家基础性和先导性行业，也是安全生产的高危行业。由于安全意识不够、安全知识不足、防护措施不到位和违章操作等原因，安全事故仍时有发生，令人非常痛心！从事工程施工一线建设，你们的安全牵动着家人的心，牵动着广大交通人的心，更牵动着党中央及各级党委、政府的心。为让工友们增强安全意识，提高安全技能，规范安全操作，降低安全风险，保证生产安全，我们组织开发制作了以动画和视频为主要展现形式的《公路施工安全视频教程》(第五册 工种安全操作)，并同步编写了配套的《公路施工安全教育系列丛书——工种安全操作》口袋书。全套视频教程和配套用书梳理、提炼了工种操作与安全生产相关的核心知识和现场安全操作要点，易学易懂，使工友们能知原理、会工艺、懂操作，在工作中做到保护好自己和他人不受伤害。

请工友们珍爱生命，安全生产；祝福你们身体健康，工作愉快，家庭幸福！

广东省交通运输厅
二〇一八年十月

目录 CONTENTS

1 防水工简介 …………………………………… 1
2 防水工岗位职责及安全风险 ………………… 8
3 防水工基本要求 ……………………………… 11
4 防水工作业安全质量要求 …………………… 14
5 防水作业应急处置 …………………………… 32

序言

PART 1 / 防水工简介

1 PART 防水工简介

1.1 防水工定义

防水工是指利用防水材料对桥、隧、房建等建（构）筑物进行防水处理的施工人员。

隧道防水　　桥面防水　　变形缝防水

明洞防水　　涵洞防水　　屋面防水

1.2 防水工常用的设备、工具及材料

	名称	用途	特点
隧道防水作业常用设备	电磁焊枪	防水板固定	面焊接,焊接速度快、强度高、质量稳定、操作简便。需要使用配套的金属网垫圈
	超声波热熔焊枪	防水板固定	开机可焊,操作方便,安全性较好。属于点焊接,焊点易焊穿
	爬焊机	防水板搭接缝焊接	控制精度高,温度波动小。输出力矩大,行走平稳,能在爬行时保持速度恒定

电磁焊枪

超声波热熔焊枪

爬焊机

防水板铺挂机、红外线激光定位装置,如下图所示。

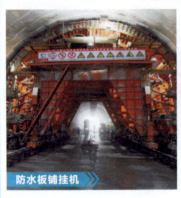
防水板铺挂机

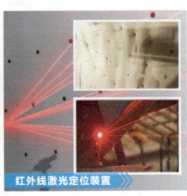
红外线激光定位装置

PART 1 / 防水工简介

| 桥涵及房建防水作业常用设备 | | 抛丸及除尘设备、空气压缩机、电动搅拌器、喷枪、喷涂机、沥青加热设备等 |

抛丸及除尘设备

空气压缩机

电动搅拌器

喷枪

喷涂机

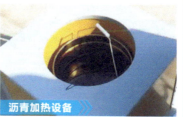
沥青加热设备

防水工 安全操作手册

防水作业常用工具 → 清理工具（铲子、毛刷、扫帚等）
涂刷工具（刮板、油漆刷、滚动刷等）
辅助工具（射钉枪、剪刀、压辊、卷尺等）

扫帚

铲子

毛刷

刮板

油漆刷

滚动刷

射钉枪

剪刀

压辊

卷尺

PART 1 / 防水工简介

防水作业常用材料 防水卷材(油毡、防水板等)、止水带、防水涂料（沥青类及高分子类防水涂料）等

防水卷材分类	
主体材料	类型
沥青基	自粘聚合物改性沥青防水卷材
	改性沥青聚乙烯胎防水卷材
	高聚物改性沥青防水卷材
	合胎防水卷材
高分子防水卷材 — 硫化橡胶类	三元乙丙橡胶(EPDM)、橡胶(橡塑)共混、氯丁橡胶（CR）、氯磺化聚乙烯（CSP、CSPE、CSM）、氯化聚乙烯(CPE)等
高分子防水卷材 — 非硫化橡胶类	三元乙丙橡胶(EPDM)、橡胶(橡塑)共混、氯化聚乙烯(CPE)
高分子防水卷材 — 树脂类	聚氯乙烯(PVC)、乙烯乙酸乙烯（EVA）、聚乙烯(PE)、乙烯乙酸乙烯改良性沥青共混
聚氯乙烯(PVC)防水卷材	均质类、带纤维背衬类、织物内增强类、玻璃纤维内增强类
氯化聚乙烯(CPE)防水卷材	无复合层类、纤维单面复合类、织物内增强类

油毡

防水板

止水带分类	
分类方式	类型
按施工缝构造	遇水膨胀式止水条
	背贴式止水带
	中埋式止水条
按制造材料	橡胶止水带 — 天然橡胶、氯丁橡胶、丁苯橡胶等
	塑料(PVC)止水带 — 聚氯乙烯、聚乙烯等
	铜板止水带 — 铜
	橡胶加钢边止水带 — 不锈钢、碳钢等
按形状	一字形、半圆形、圆形、单折、双折、钢边外贴、U形外贴等

止水带

防水涂料分类		
主体材料	类型	
合成高分子防水涂料	聚氨酯防水涂料（PU）	单组分(S)
		多组分(M)
	喷涂聚脲防水材料（JN）	喷涂(纯)聚脲防水材料
		喷涂聚氨酯(脲)防水材料
	聚氯乙烯防水涂料（PVC）	热塑型 J 型
		热熔型 G 型
聚合物防水材料	聚合物乳液防水材料	
	聚合物水泥防水涂料(JS)	
水泥基渗透结晶型防水材料（CCCW）	水泥基渗透结晶防水涂料	
	水泥基渗透结晶型防水剂	
高聚物改性沥青防水涂料	挥发型/溶剂型	溶剂型橡胶沥青防水涂料
	挥发型/水乳型	水乳型沥青防水涂料

沥青类防水涂料

高分子类防水涂料

2 PART 防水工岗位职责及安全风险

2.1 防水工岗位职责

防水作业岗位职责	熟练掌握并遵守防水作业安全操作规程,确保施工安全质量
	按管理规章制度和安全技术交底作业,严禁违章
	服从现场指挥人员的指令,拒绝违章指挥及强令冒险作业
	做好防水施工设备、工具的维护保养和保管
	加强防水材料管理,做到工完料尽场地清,保持文明施工

防水作业安全操作规程

（1）遵守劳动纪律，正确穿戴个人防护用品，着装符合安全要求。

（2）防水作业前必须对工作内容、周围环境、设备状态及工具完好状况进行确认,对作业平台及其防护措施进行检查,确认安全后方可作业。

(3)防水作业使用的材料外观、规格、性能等参数应满足要求,破损、失效以及未经检验合格的防水材料不得使用。

(4)根据防水卷材的种类按相关规范及设计要求的宽度进行搭接。

(5)防水材料领用不得超过当班用量,余料应及时清理并退库。

(6)防水作业使用的电动工具必须绝缘良好,正确佩戴绝缘手套等防护用品。

(7)铺贴双层卷材时,上下两层和相邻两幅卷材的接缝应错开 1/3~1/2 幅宽。

(8)防水涂料应分层刷涂或喷涂,涂层应均匀、层厚满足要求,接茬宽度不应小于 100mm,不得漏刷、漏涂。

(9)高处防水作业施工时应有稳固的作业平台和安全防护措施。

(10)隧道及夜间防水施工时应有良好照明,易燃材料与高温灯具保持安全距离;地下、潮湿环境照明必须使用安全电压。

(11)防水施工应根据材料和施工设计要求选择在适宜的环境温度下作业。

(12)雨、雪和大风等恶劣天气不宜进行室外防水施工;施工过程中突降雨雪时,应做好防水施工区的保护工作。

(13)涉及易燃防水材料作业时,应严禁烟火,设置消防设施,明火作业时应按要求执行动火审批。

2.2 防水作业主要安全风险

火　　灾	灼　　烫	高处坠落	中毒窒息	职业危害
违规操作或消防设施配备不到位	个人防护不足、操作不当	临边防护缺失或个人安全防护缺失	接触沥青及其烟尘易引起皮肤病、肺病、神经系统疾病等职业病；人员因苯并芘、煤焦油等致癌物中毒

火灾

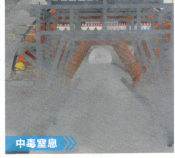

中毒窒息

高处坠落

灼烫

沥青过敏　职业危害　结膜炎

PART 3 / 防水工基本要求

3 PART 防水工基本要求

| 年龄 | → | 身体 | → | 入场 |

年满18岁 → 指定医院体检合格，身体健康，无恐高症等职业禁忌 → 岗前安全教育培训完成，考核合格，接受完安全技术交底

→ 个人防护 → 工前确认

遵守纪律，正确穿戴个人防护用品，着装符合安全要求

防水作业前必须对工作内容、作业环境、设备状况等进行确认，安全后方可作业

❗ 新上岗的从业人员，岗前安全培训时间不得少于24学时；培训合格后，每年重复培训不得少于24学时。

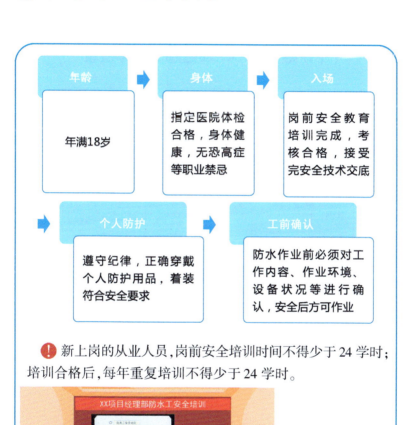

❗ 按要求教育培训，考核合格。

❗ 年满18岁，体检合格，无职业禁忌（如沥青过敏、结膜炎等）。

中铁隧道局XXX项目部工人体检表

姓名	XXX	性别	男	出生年月	XXXX年XX月XX日
户籍	XX省	既往史	—	联系电话	XXXXXXXXXX
血压	血压118/83mmHg			心率	72次/分
内科	心脏	未见异常		肺部	未见异常
	肝脏	未见异常			
	其他	未见异常		医师签名	XXX
外科	甲状腺、淋巴结	未见异常	脊柱、四肢	未见异常	
	关节	未见异常	其他	未见异常	医师签名	XXX
心电图	未见异常			医师签名	XXX
B超	未见异常			医师签名	XXX
胸片	未见异常			医师签名	XXX
实验室检查	血常规	未见异常		医师签名	XXX
	尿常规	未见异常		医师签名	XXX
	肝功能	未见异常		医师签名	XXX
体检结果	未见异常				

主检医师签名 XXX
体检单位（盖章）：

PART 3 / 防水工基本要求

❗ 遵守劳动纪律,正确穿戴个人防护用品。

❗ 防水作业前必须对工作内容、作业环境、设备状况等进行确认,安全后方可作业。

PART 4 防水工作业安全质量要求

4.1 一般安全质量要求

（1）防水作业使用的材料外观、规格、性能等参数应满足要求，破损、失效以及未经检验合格的防水材料不得使用。

防水材料抽检要求			
名称	抽样数量	外观检验	性能检验
高聚物改性沥青防水卷材	大于1000卷抽5卷，500~1000卷抽4卷，100~499卷抽3卷，100卷以下抽2卷，进行规格尺寸和外观质量检验。在外观质量检验合格的卷材中，任取一卷作物理性能检验	断裂、皱折、孔洞、剥离、边缘不整齐，胎体露白、未浸透，撒布材料粒度、颜色，每卷卷材的接头	拉力，最大拉力时延伸率，低温柔度不透水性
合成高分子防水卷材	大于1000卷抽5卷，500~1000卷抽4卷，100~499卷抽3卷，100卷以下抽2卷，进行规格尺寸和外观质量检验。在外观质量检验合格的卷材中，任取一卷作物理性能检验	折痕、杂质、胶块、凹痕，每卷卷材的接头	断裂拉伸强度，扯断伸长率，低温弯折，不透水性

PART 4 / 防水工作业安全质量要求

续上表

名称	抽样数量	外观检验	性能检验
有机防水涂料	每 5t1 批,不足 5t 按 1 批抽样	均匀黏稠体,无凝胶无结块	潮湿基面黏结强度涂膜抗渗性,浸水 168h 后拉伸强度,浸水 168h 后断裂伸长率,耐水性
无机防水涂料	每 10t1 批,不足 10t 按 1 批抽样	液体组分:无杂质、凝胶的均匀乳液 固体组分:无杂质、结块的粉末	抗折度强,黏结强度,抗渗性

严格按照要求送检

无机防水涂料性能指标					
涂料种类	抗折强度(MPa)	黏结强度(MPa)	一次抗渗性(MPa)	二次抗渗性(MPa)	冻融循环(次)
掺外加剂、掺和料水泥基防水涂料	>4	≥1.0	>0.8	—	>50
水泥基渗透结晶型防水涂料	≥4	≥1.0	>1.0	>0.8	>50

有机防水涂料性能指标									
涂料种类	可操作时间(min)	潮湿基面黏结强度(MPa)	抗渗性(MPa)			浸水168h后拉伸强度(MPa)	浸水168h后断裂伸长率(%)	耐水性(%)	表干(h)	实干(h)
			涂膜(120min)	砂浆迎水面	砂浆背水面					
反应型	≥20	≥0.5	≥0.3	≥0.8	≥0.3	≥1.7	≥400	≥80	≤12	≤24
水乳型	≥50	≥0.2	≥0.3	≥0.8	≥0.3	≥0.5	≥350	≥80	≤4	≤12
聚合物水泥	≥30	≥1.0	≥0.3	≥0.8	≥0.6	≥1.5	≥80	≥80	≤4	≤12

防水卷材厚度指标							
卷材品种	高聚物改性沥青类防水卷材			合成高分子类防水卷材			
	弹性体改性沥青防水卷材、改性沥青聚乙烯胎防水卷材	自粘聚合物改性沥青防水卷材		三元乙丙橡胶防水卷材	聚氯乙烯防水卷材	聚乙烯丙纶复合防水卷材	高分子自粘胶膜防水卷材
		聚酯毡胎体	无胎体				
单层厚度(mm)	≥4	≥3	≥1.5	≥1.5	≥1.5	卷材：≥0.9 黏结料：≥1.3 芯材厚度≥0.6	≥1.2
双层总厚度(mm)	≥(4+3)	≥(3+3)	≥(1.5+1.5)	≥(1.2+1.2)	≥(1.2+1.2)	卷材：≥(0.7+0.7) 黏结料：≥(1.3+1.3) 芯材厚度：≥0.5	—

PART 4 / 防水工作业安全质量要求

! 检验合格方可使用。

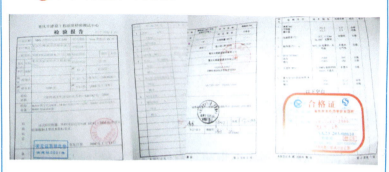

（2）根据防水卷材的种类按规范及设计要求的宽度搭接。

防水卷材搭接宽度	
卷材品种	搭接宽度(mm)
弹性体改性沥青防水卷材	100
改性沥青聚乙烯胎防水卷材	100
自粘聚合物改性沥青防水卷材	80
三元乙丙橡胶防水卷材	100/60（胶粘带）
弹性体改性沥青防水卷材	单缝/双焊缝
改性沥青聚乙烯胎防水卷材	60（胶粘剂）
自粘聚合物改性沥青防水卷材	100（粘结料）
三元乙丙橡胶防水卷材	70/80（自粘带/胶粘带）

❗ 不得小于要求搭接宽度。

（3）防水材料领用不得超过当班用量，余料应及时清理退库。

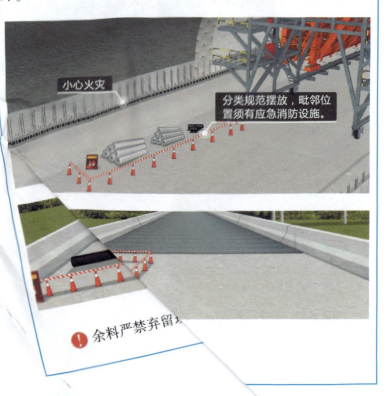

❗ 余料严禁弃留

(4)防水作业使用的电动工具必须绝缘良好,操作人员正确佩戴绝缘手套等防护用品。

 电动工具绝缘良好。

(5)铺贴双层卷材时,上下两层和相邻两幅卷材的接缝应错开 1/3 ~ 1/2 幅宽。

（6）防水涂料应分层刷涂或喷涂，涂层应均匀、层厚满足要求，不得漏刷、漏涂；接槎宽度不应小于100mm。

❗ 掺外加剂/掺合料的水泥及防水涂料厚度不得小于3.0mm；水泥基渗透结晶型防水涂料的用量不应小于$1.5kg/m^2$，且厚度不应小于1.0mm；有机防水涂料的厚度不得小于1.2mm。

（7）高处防水作业施工时应有稳固的作业平台和安全防护措施。

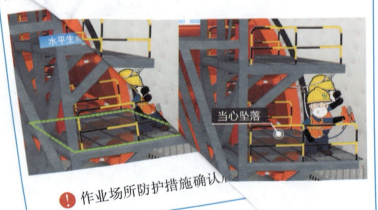

❗ 作业场所防护措施确认

(8)隧道及夜间防水施工时应有良好照明,易燃物与高温体保持安全距离;地下、潮湿环境照明必须使用安全电压。

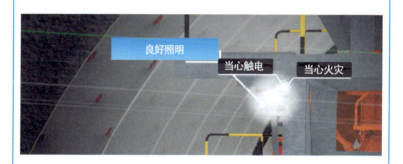

(9)易燃材料与灯具的安全距离:普通灯具不应小于0.3m;高温灯不应小于0.5m。

❗ 安全电压:一般采用36V安全电压照明,特别潮湿等危险环境中采用12V安全电压照明。

(10)防水施工应根据材料和施工设计要求选择在适宜的环境温度下作业。

防水材料施工环境气温条件	
防水材料	施工环境气温条件
高聚物改性沥青防水卷材	冷粘法、自粘法不低于5℃,热熔法不低于 -10℃
高合成分子防水卷材	冷粘法、自粘法不低于5℃,焊接法不低于 -10℃
有机防水涂料	溶剂型 -5~35℃,反应型、溶乳型 5~35℃
无机防水涂料	5~35℃
防水混凝土、防水砂浆	5~35℃
膨润土防水涂料	不低于 -20℃

(11)雨、雪和大风等恶劣天气不宜进行室外防水施工,施工过程中突降雨雪时,应做好防水施工区的保护工作。

PART 4 / 防水工作业安全质量要求

（12）涉及易燃防水材料作业时，应严禁烟火，设置消防设施，明火作业时应按要求执行动火审批。

⚠️ 严格实施动火审批制度。

4.2 隧道防水安全质量要求

（1）台架上作业必须系挂安全带，必要时可配合防坠器使用。作业使用的工具应当妥善放置在工具包内，不得抛掷。

❗ 预防高坠、预防物体打击。

PART 4 / 防水工作业安全质量要求

(2)防水板铺挂前应切除基面锚杆头、钢筋头等尖锐物,确保基面平顺,基面处理应超前进行,避免热切割造成下部防水板损伤或引发火灾。

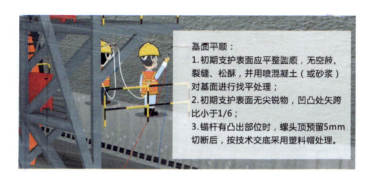

(3)采用人工上下传递防水板时,应加强沟通、统一信号;采用防水板铺挂机时应将防水板安装牢固。

(4)防水板铺设时,应松紧适度,并紧贴岩面,热熔垫圈焊接应无漏焊、假焊、焊焦、焊穿等现象;接缝焊接时,接头处应平整并清洗干净,无气泡、褶皱或空隙等现象,焊接完成后应进行密封性检测。

焊焦

焊穿

❗ 将5号注射针与压力表相接,充气到0.25MPa,保持15min,压力下降在10%以内则焊缝合格。可用肥皂水涂在焊缝上检查漏气位置进行处理。

4.3 桥涵防水安全质量要求

（1）桥涵防水层基面应平顺、清洁、充分干燥,倒角处铺设前应做好节点圆弧处理。

（2）喷枪应由专人操作,喷枪口不得正对人和易燃物。

（3）沥青加热时盛装不得超过容器的2/3,人员应站在上风向并保持安全距离。

(4)防水涂料应按规定的涂层抹压、涂刷或喷涂,厚度应均匀一致,每道涂料厚度应按不同涂料确定。

❗ 涂料一般为 2~3 层,厚度要求一般为 1.0~3.0mm。

(5)卷材采用机械烘烤设备热熔铺贴,从一端开始,桥面横向由低向高顺序进行,烘烤要均匀,边铺贴边滚压排气粘合。

❗ 由低向高处作业。

4.4 房建防水安全质量要求

(1)屋面防水卷材铺贴宜平行屋脊、由低向高进行,上下层卷材不得相互垂直铺贴。

❗ 低处往高处施工。　　❗ 严禁上下层卷材垂直铺贴。

（2）羧基氯丁橡胶沥青涂料应密封保存,避免受冻或日晒,无纺布不得受潮。

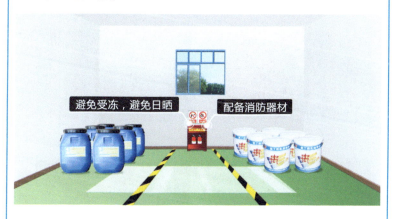

（3）聚氨酯涂膜喷涂空压机应按照规定操作程序开启或关闭。

❗ 先开启空气压缩机,再启动发泡剂物料泵,进行试喷;停止时,须先停物料泵,待料管中的物料吹净后方可停止空气压缩机。

❗ 严禁反序操作。

（4）防水涂料应按规定的涂层抹压、涂刷或喷涂,厚度应均匀一致,每道涂料厚度应按不同涂料确定。

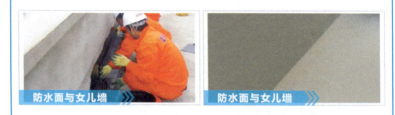

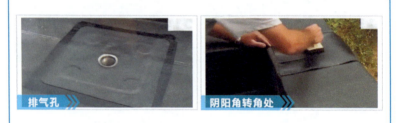

（5）阴阳角防水基层应做增强附加层,且阴阳角应做成圆角或者45°坡角,卷材宜用整块,不宜裁剪。

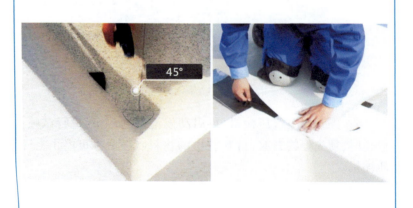

(6)伸出屋面的管道应在交接处按要求增设附加防水层,附加层在平面及里面的宽度均不小于250mm。

(7)水落口周围与屋面交接处,应做密封处理,并加铺两层有胎体增强材料的附加层,涂膜伸入水落口的深度不得小于50mm。

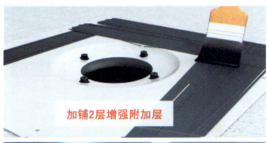

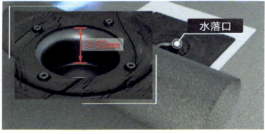

(8)屋面防水层完工后,不得凿孔打洞或受重物冲击,并淋水或蓄水检验。

淋水检验

蓄水检验

❗ 完工后,严禁凿孔打洞,严禁重物冲击。

PART 5 / 防水作业应急处置

防水作业应急处置

❗ 切勿慌乱。

❗ 初发火灾,现场人员保持冷静,辨明火势大小、方向及性质,立即利用现场消防器材进行扑救,切勿慌乱。

❗ 沉着冷静。

❗ 若火势较大,现场无法扑救,及时通知周边人员向上风侧、隧道外等安全区域撤离。

干粉灭火器及水可以直接扑救木材、塑料及橡胶类固体物质着火。

沥青桶加热着火时,应盖住桶口,隔绝空气灭火即可。

❗ 禁用水

油类或液体物质着火应首选沙土掩盖方式灭火。

❗ 不得带电扑救

带电设备着火的应先断开电源后灭火。

防水工安全口诀

防水工作莫小看　细节处理很关键

个人防护措施全　防火防烫防热燃

卷材接缝错规范　搭接足够牢固焊

涂料沥青用处广　喷刷分层厚度棒

室外防水不蛮干　气温适宜质量赞

阴阳墙角伸缩缝　附加处理要着重

防水做完重保护　不渗不漏永保固